AF580241

DISCOURS

SUR L'ŒUVRE DES

CERCLES CATHOLIQUES D'OUVRIERS

PRONONCÉ EN L'ÉGLISE DE SAINTE-MADELEINE DE PARIS

LE 30 AVRIL 1876

PAR

Mgr L'ÉVÊQUE D'ANGERS

Nolite arbitrari quia pacem venerim mittere in terram : non veni pacem mittere, sed gladium.

Ne pensez pas que je sois venu apporter la paix sur la terre; je ne suis pas venu apporter la paix, mais le glaive.

(S. MATTHIEU, X, 34.

ANGERS

E. BARASSÉ, LIBRAIRE-ÉDITEUR, RUE SAINT-LAUD, 83

imprimeur de Monseigneur l'Évêque et du Clergé.

1876

DISCOURS

SUR L'ŒUVRE DES

CERCLES CATHOLIQUES D'OUVRIERS

PRONONCÉ EN L'ÉGLISE DE SAINTE-MADELEINE DE PARIS
LE 30 AVRIL 1876.

PAR

MONSEIGNEUR L'ÉVÊQUE D'ANGERS.

Nolite arbitrari quia pacem venerim mittere in terram : non veni pacem mittere, sed gladium.

Ne pensez pas que je sois venu apporter la paix sur la terre; je ne suis pas venu apporter la paix, mais le glaive.

(S. MATTHIEU, X, 34.)

MES FRÈRES,

Singulière parole dans la bouche de Celui dont les anges avaient célébré la naissance en chantant : « Gloire à Dieu au plus haut des cieux, et paix sur la terre aux hommes de bonne volonté ! » La paix ! N'était-ce pas l'objet propre de la mission du Sauveur ? Pacifier les intelligences, par la possession tranquille de la vérité ; pacifier les cœurs, en y ramenant l'ordre avec l'amour de la justice; pacifier la société humaine, dans l'union fraternelle de tous ses membres, qu'y avait-il de plus essentiel et de plus manifeste dans l'œuvre de Jésus-Christ ? Ce bienfait inestimable, ne l'annonçait-il pas à ses disciples, quand il leur disait, et, dans leur personne, à tout le genre humain qu'il allait délivrer du péché et de la mort : « Je vous laisse la paix, je vous donne ma paix » : *Pacem relinquo vobis, pacem meam do vobis?* (1) Et cependant ce prince de la paix, comme l'appelle Isaïe, *princeps pacis* (2), ne craignait pas d'ajouter, par le plus étonnant des contrastes, les paroles que j'ai prises pour texte : « Ne pensez pas que je sois venu apporter la paix sur la terre; je ne suis pas venu apporter la paix, mais le glaive » : *Nolite arbitrari quia pacem venerim mittere in terram ; non veni pacem mittere, sed gladium.*

Qu'est-ce à dire, Mes Frères? Y a-t-il quelque contradiction dans ce langage du Sauveur Jésus? A Dieu ne plaise. Oui, sans doute, il était venu apporter la paix aux hommes de bonne volonté, la paix qui résulte de la soumission des sens à l'esprit, de la raison à la foi, de la volonté à la loi divine. Mais en même temps il était venu déclarer la guerre aux passions humaines, à l'orgueil, à la cupidité, à la concupiscence de la chair. Et comme les passions humaines ne se rendent pas sans combat, il devait en résulter la lutte, une lutte formidable, une lutte permanente. Et, de fait, voilà dix-neuf siècles qu'elle dure, cette lutte des passions humaines ameutées contre Jésus-Christ : toujours la même au fond, elle a pris tous les noms et revêtu toutes les formes : lutte du despotisme païen contre la liberté de la conscience chrétienne, lutte de la barbarie contre les préceptes de la morale chrétienne, lutte des hérésies contre l'intégrité du dogme chrétien, lutte de la Révolution contre les droits de l'autorité chrétienne, chaque époque est marquée par l'un de ces grands soulèvements ; et comme son divin fondateur, l'Eglise militante peut redire aux puissances du monde coalisées contre elle : « Ne pensez pas que je sois venu apporter la paix sur la terre ; je ne suis pas venu apporter la paix, mais le glaive » : *Nolite arbitrari quia pacem venerim mittere in terram ; non veni pacem mittere, sed gladium.*

---

(1) S. Jean, XIV, 27.
(2) Isaïe, IX, 6.

Or, chaque lutte appelle des œuvres proportionnées à son objet. Celle dont je viens vous parler est venue prendre place au milieu de la lutte contemporaine. Elle s'est annoncée dès l'origine comme une œuvre de combat, destinée à attaquer de front le mal dont nous souffrons. Et, comme pour marquer davantage son caractère militant, c'est dans les rangs de l'armée qu'elle est allée chercher et qu'elle a trouvé ses premiers fondateurs : elle est sortie du cœur d'un homme qui, avant de prendre le glaive de la parole, avait noblement porté l'épée de la France, et dont je ne dirai qu'un mot, c'est que la religion et la patrie saluent dans sa gloire naissante l'une de leurs plus chères espérances. L'œuvre des Cercles catholiques d'ouvriers est donc une œuvre de soldats, de soldats de la foi. Mais, dans l'Eglise, on ne combat jamais que pour convertir les âmes ; et le soldat de la foi est toujours un apôtre de la charité. Apôtre et soldat, il y a de l'un et de l'autre dans l'âme du chrétien militant. Voilà pourquoi l'œuvre des Cercles catholiques d'ouvriers devait être en même temps une œuvre de lutte et une œuvre d'apostolat. Quel est l'objet de cette lutte? Quel est l'objet de cet apostolat? C'est ce que je me propose de vous dire, persuadé d'avance qu'il me suffira de vous faire connaître cette association nouvelle, pour exciter envers elle vos sympathies chrétiennes, et pour vous déterminer efficacement à lui prêter le concours de vos prières et de votre générosité.

I.

L'œuvre des Cercles catholiques d'ouvriers a pour fin principale de travailler à la restauration de la société chrétienne par l'affirmation pleine et entière de la doctrine catholique : c'est vous dire assez qu'elle est venue toucher au vif de la lutte contemporaine.

Il y a un siècle et plus, le monde civilisé offrait encore,

*

malgré certaines déviations déjà trop sensibles, le plus grand spectacle qu'il ait été donné à l'homme de contempler ici-bas. Le Christ, fils du Dieu vivant, régnait sur les nations prosternées devant le trône de sa souveraineté. Sa doctrine était leur doctrine; et sa vie, leur vie. De même que le monde physique est comme imprégné des rayons du soleil, ainsi la lumière de l'Evangile enveloppait et pénétrait le monde social dans toutes ses parties. Les rois tenaient à honneur de se dire les lieutenants du Christ; et, dans sa croix qui surmontait leur couronne, ils voyaient la sauvegarde de leur autorité et le mémorial de leurs devoirs. Lois et institutions, tout ce qui règle la vie publique portait l'empreinte de la religion, s'inspirait de son esprit, appliquait ses maximes. Le christianisme formait la base de l'enseignement; et depuis l'école du hameau où l'enfant du peuple apprenait à gouverner sa vie, jusqu'à l'université où les sciences venaient se réunir en un faisceau harmonieux, le Verbe, précepteur de l'humanité, parlait par toutes les bouches et arrivait à tous les cœurs. Sanctifiée par la grâce du sacrement, la famille était chrétienne; et le pouvoir paternel s'y exerçait comme un autre sacerdoce qui avait le foyer domestique pour temple. La religion était le lien de toutes les associations, la splendeur de toutes les fêtes, la force de tous les serments, la majesté de tous les pouvoirs. Son nom était écrit sur la bannière de l'ouvrier comme sur l'oriflamme du soldat, titre d'honneur pour l'un, signe de ralliement pour l'autre, gage de bénédiction pour tous deux. Bref, cette société-là était née, elle avait vécu, elle avait grandi à l'ombre de la croix; et, de l'orient à l'occident, du septentrion au midi, tous les échos du monde pouvaient se renvoyer ces mots que la foi victorieuse avait gravés sur l'obélisque du Vatican: *Christus vincit, Christus regnat, Christus imperat :* « Le Christ a vaincu, il règne, il gouverne. »

Ah! je ne dis pas que tout fût parfait dans ce monde social où régnait le Christ. Non, je ne dis pas cela. Cent fois réduites, les passions humaines n'avaient pas désarmé; elles ne désarmeront jamais. Au sein de cette chrétienté, si grande et si belle, il s'était produit des déchirements profonds, de lamentables défaillances. L'orgueil y prolongeait ses révoltes, la cupidité ses injustices, la volupté ses abaissements. On pourra charger ce tableau tant que l'on voudra. Mais le principe de la civilisation chrétienne restait debout; mais la royauté sociale de Jésus-Christ continuait à dominer le monde ; mais l'autorité, sous toutes ses formes, s'y maintenait haute et respectée ; mais les traditions de la foi vivaient au cœur des peuples ; mais l'humanité, retrempée dans le sang du Calvaire, gardait le sentiment de ses destinées providentielles : elle savait d'où elle venait, vers quel but elle tendait, sous le souffle de Dieu qui dirigeait sa marche. Et chaque fois qu'un désordre éclatait quelque part, une voix partait du centre de la chrétienté, grave et solennelle, comme un écho de la voix de Dieu même : elle couvrait les bruits de ce monde ; elle arrivait en tous lieux, affirmant le droit, rappelant le devoir, condamnant l'injustice, arrêtant le mal dans son cours, quand elle n'avait pu le prévenir, protestant contre la violence pour l'empêcher de prévaloir, de telle sorte que, grâce à cette intervention souveraine du vicaire de Jésus-Christ, au milieu de toutes les rébellions et en dépit de tous les égarements, le vrai ne cessait pas d'être le vrai, et le bien restait le bien.

Il vint un jour où l'on parut se lasser de tant d'honneur et de gloire. Une doctrine se forma, vaste résultante de toutes les erreurs des siècles passés. Radicalisme des sectes du moyen-âge, paganisme de la renaissance, libre examen du protestantisme, tout cela vint se réunir dans une négation plus audacieuse que toutes les précédentes. Alors l'on entendit un cri qui, jeté une première fois à travers la grande scène du Calvaire, n'avait plus retenti dans le monde depuis Constantin : *Nolumus hunc regnare super nos.* « Nous ne voulons pas que le Christ règne sur la société humaine. » Une fureur de destruction, telle qu'il ne s'en est jamais vu dans l'histoire, s'empara d'une classe d'hommes. Pour eux, il s'agissait de démolir pièce par pièce, de jeter bas ce merveilleux édifice de la civilisation chrétienne, auquel avaient travaillé depuis tant de siècles, dans un commun effort, les rois et les peuples, les évêques et les papes. Ce qu'avaient fait en France les Charlemagne et les saint Louis; en Espagne, les

Alphonse et les Ferdinand ; en Angleterre, les Edmond et les Edouard ; en Allemagne, les Venceslas et les Sigismond, les Etienne et les Henri, tout ce travail des sages, des hommes de génie, des héros, des saints, parut aux novateurs une œuvre bonne à détruire sans qu'il en restât ni trace, ni vestige. Vainement, leur disait-on : Réformez les abus tant que vous voudrez ; mais laissez debout les institutions et les œuvres. On ne renverse pas une maison, parce que l'on y surprend quelques toiles d'araignée ; on ne déracine pas un arbre, parce qu'il s'y trouve quelques branches à redresser ; on n'arrête pas le cours d'un fleuve, parce qu'il roule de la fange avec ses flots limpides. Améliorez, sans détruire ; perfectionnez, mais ne tuez pas. Vainement leur disait-on ces choses de bon sens, de sens commun : ils ne les écoutèrent pas. La Révolution, puisqu'il faut l'appeler par son nom, voulut faire table rase de tout le passé, et, brusquant toutes les solutions, rompant avec toutes les traditions, refaire sur un plan absolument nouveau la vie et la constitution de la société humaine.

Car, quand je dis la Révolution (et je me sers de ce mot faute d'en trouver un autre pour mieux rendre ma pensée), je n'entends pas parler du remplacement de telle dynastie par telle autre dynastie, de la substitution de telle forme de gouvernement à telle autre forme de gouvernement. Nous ne nous occupons pas de ces choses. C'est une doctrine que nous avons devant nous ; et cette doctrine vise bien plus haut, comme elle descend bien plus bas. C'est au Christ qu'elle s'attaque, au Christ Fils du Dieu vivant, au Christ Roi des rois et Seigneur des seigneurs, *Rex regum et Dominus dominantium.* La Révolution, c'est une réaction formidable des passions humaines contre le règne social de Jésus-Christ, depuis Constantin jusqu'à Louis XVI ; la Révolution, c'est la société déchristianisée ; c'est le Christ refoulé au fond de la conscience individuelle, banni de tout ce qui est public, de tout ce qui est social ; banni de l'Etat qui ne cherche plus dans son autorité la consécration de la sienne propre ; banni des lois, dont sa loi n'est plus la règle souveraine ; banni de la famille, constituée en dehors de sa bénédiction ; banni de l'école, où son enseignement n'est plus l'âme de l'éducation ; banni de la science, où il n'obtient plus pour tout hommage qu'une sorte de neutralité, non moins injurieuse que la contradiction ; banni de partout, si ce n'est d'un coin de l'âme où l'on consent à lui laisser un reste de domination. La Révolution, c'est la nation chrétienne débaptisée, répudiant sa foi historique, traditionnelle, et cherchant à se reconstruire, en dehors de l'Évangile, sur les bases de la raison pure, devenue la source unique du droit et la seule règle du devoir. Une société n'ayant plus d'autre guide que les lumières naturelles de l'intelligence, isolées de la Révélation, ni d'autre fin que le bien-être de l'homme en ce monde, abstraction faite de ses fins supérieures, divines, voilà, Mes Frères, dans son idée essentielle, fondamentale, la doctrine de la Révolution.

Et je ne dis pas assez. Ah ! sans doute, la Révolution, j'aime à le penser, aurait voulu pouvoir s'en tenir à ce premier article de son programme : déchristianiser un ordre social où le Christ avait régné pendant quatorze siècles ; s'arrêter à la raison pure, aux droits qu'elle proclame, aux devoirs qu'elle formule. Mais ce n'est pas impunément que l'on tente de pareilles expériences sur un corps social où la foi chrétienne a pénétré jusqu'à la moelle des os. Eteignez dans un homme la foi de sa jeunesse, de son âge mûr, la foi dans laquelle il a vécu, il a grandi, la foi qui s'est incorporée à lui, qui s'est identifiée avec lui, dont il ne peut plus se séparer sans cesser d'être lui-même, ce n'est pas la foi seulement que vous tuez en lui, c'est sa vie morale que vous éteignez en même temps, c'est le vide absolu que vous faites dans son âme, c'est son existence tout entière que vous bouleversez, pour n'y laisser que la ruine et la désolation. Enlever à une société, vieille comme la nôtre, le Christ qui l'a engendrée à la vie morale, le Christ dont elle a vécu, dont elle vit encore, le Christ qui l'a pénétrée de sa lumière, de sa grâce et de son sang, mais, c'est lui arracher le cœur, c'est, du même coup, détruire en elle tout ce qui constitue son être moral, la foi en Dieu, la notion du droit, le sentiment du devoir, l'idée même de la vertu. Une fois sur cette pente, l'on ne s'arrête pas à moitié chemin. Et, par le fait, qu'avons-nous vu ? qu'avons-nous entendu ? En voulant consommer cette séparation violente, radicale, la doctrine dont je parle a reculé par-delà le paganisme ; car le paganisme plaçait la religion à la base et au sommet de la cité ; car le paganisme ne repoussait la Divinité ni du berceau de l'enfant, ni du lit nuptial de l'époux, ni de la tombe du vieillard. Suivant cette loi de l'histoire et de la logique, que l'apostasie est pire que l'infidélité, *corruptio optimi pessima*, nous avons entendu des mots qui ne s'étaient jamais dits dans le monde : Dieu, c'est le mal ; la propriété, c'est le vol ; le droit, c'est la force ; l'autorité, c'est l'anarchie. Et, comme conséquence dernière de cette révolte contre le Christ révélateur et législateur, pour bien marquer où aboutirait la notion de l'école sans Dieu, de l'Etat sans Dieu, de l'humanité sans Dieu, l'on a fini par dire que la société humaine n'était pas autre chose qu'un assemblage d'êtres infimes, se réduisant à un peu de matière organisée, ayant pour ancêtre une bête fauve, et pour fin le néant.

Ce ne sont pas là des fantômes que j'évoque devant vous, Mes Très-Chers Frères. Tout cela se dit, s'écrit, s'imprime, se propage, ouvertement et sans crainte. C'est l'avenir qu'on prépare et qu'on prédit, et cela, au lendemain de nos ruines et de nos désastres. Eh bien, devant ces désastres et ces ruines, devant un passé si plein de déceptions et un avenir si gros d'alarmes, des hommes de foi et de cœur se sont levés et ils ont dit : Il est temps de s'arrêter ; il faut organiser la résistance, si nous ne voulons pas retourner à la barbarie. Ce qui pourra nous sauver, ce ne sont pas des expédients, des habiletés, des équivoques, des demi-vérités : frêle barrière que tout cela contre l'ennemi qui s'avance. Le salut est dans la restauration de la société chrétienne. Le salut, c'est le Christ replacé au sommet des intelligences et au plus profond des cœurs ; le Christ reprenant possession du foyer domestique et de la cité ; le Christ pénétrant de sa doctrine l'enseignement, la législation, l'autorité ; le Christ en haut, en bas, au milieu, partout ; le Christ Roi et Père, juge et sauveur, lumière et vie. Voilà le salut ! Donc affirmons ces choses d'une voix unanime ; répétons-les sans trêve ni relâche ; arborons hardiment le drapeau de la foi, et sur ce drapeau écrivons comme mot de ralliement, l'antique devise de l'espérance chrétienne : *In hoc signo vinces*, « Par ce signe vous vaincrez. »

Mais pour vaincre dans les luttes de la doctrine, il faut un guide sûr et qui ne puisse pas tromper. Où trouver ce fil conducteur à travers le labyrinthe des erreurs modernes ? Où découvrir, au milieu de la tempête, le phare qui indique le port du salut ? Il ne suffit pas de vouloir restaurer la société chrétienne ; il faut encore et avant tout connaître les principes sur lesquels repose l'ordre social. Les soldats de la foi, qui m'ont chargé d'être leur interprète auprès de vous, ne s'y sont pas trompés un instant. Ils ont cherché la lumière là où elle se trouve dans toute sa pureté. Pendant que l'on montait ainsi à l'assaut de la société chrétienne, en ouvrant des brèches à tous les murs et en minant tous les remparts, le gardien de la cité sainte veillait. La Papauté, qui avait présidé à la formation des nations chrétiennes, qui s'était inclinée sur leur berceau pour le couvrir de ses bénédictions, qui les avait enveloppées de ses lumières et de sa sollicitude dans tout le cours de leur vie historique, la Papauté ne pouvait assister en silence à la destruction d'une œuvre qui était en grande partie la sienne. Elle devait élever sa grande voix, pour donner au monde un enseignement. Elle n'avait pas reculé en d'autres temps, ni devant les empereurs romains, ni devant les Césars de Byzance, ni devant les potentats de l'Allemagne ; la Révolution allait la retrouver au poste de l'honneur et du combat. Et c'est là, Mes Frères, le grand spectacle auquel nous assistons depuis cent ans : la lutte de la Papauté avec la Révolution. Depuis le Bref de Pie VI au cardinal de La Rochefoucauld jusqu'à l'Encyclique *Quanta cura* de Pie IX, la chaire apostolique n'a cessé un instant de faire entendre au monde moderne ses solennels avertissements. Chaque fois que la Révolution dépouillait d'un rayon la royauté sociale de Jésus-Christ, une Encyclique partait de Rome, pénétrante comme la pointe d'un glaive, lumineuse comme l'éclair dans une nuit d'orage. Elle allait frapper tout droit la fausse liberté, la fausse égalité, la fausse autorité, toutes ces idoles contemporaines, aux bras d'airain et aux pieds d'argile. Elle rappelait aux rois et aux peuples que la religion est le fondement de la société civile; que le règne de Jésus-Christ est la fin principale des institutions humaines ; que l'autorité n'est pas la somme du nombre et des forces matérielles; que la volonté du peuple ne constitue pas la loi suprême de ce monde ; que les faits accomplis n'ont pas par cela même la valeur du droit; que l'Eglise catholique est une société pleine et parfaite, et qu'il n'est permis à personne de mettre obstacle à sa liberté. Voilà ce qu'ont dit et répété, en face de la Révolution, les Pontifes romains, vicaires de Jésus-Christ, sur le trône comme dans l'exil, prisonniers ou libres, au Vatican comme à Fontainebleau et à Gaëte. Et enfin, toutes ces lumières, en se réfléchissant d'un pontificat à l'autre, sont venues se réunir en un foyer central et unique ; tout cet enseignement s'est ramassé dans un document fameux, vrai palladium de la société humaine en péril, épouvantail pour ceux qui ne l'ont pas lu et qui ne le liront jamais, pierre d'achoppement pour ceux qui, l'ayant lu, n'ont pas eu l'esprit de le comprendre, colonne de lumière pour les hommes de bonne foi et de bonne volonté, qui, l'ayant lu et compris, ont eu la force et le courage de proclamer que le *Syllabus* porte dans ses flancs la restauration de la société chrétienne.

Ce courage, vous l'avez eu, Messieurs, et c'est ce qui donne à votre œuvre son vrai caractère. Vous lui avez donné pour base « les définitions de l'Eglise sur ses rapports avec la société civile; » vous avez compris que, pour lutter avec succès contre l'esprit d'orgueil et d'indiscipline, qui est le propre esprit de la Révolution, il fallait commencer par un acte d'humilité et un hommage rendu au principe d'autorité dans sa plus haute personnification. Il ne manque pas de chrétiens parmi nous, qui considèrent ces déclarations de l'Eglise comme une pure théorie, sans application pratique : hommes de courte vue, qui s'imaginent sauver la vérité, en pactisant avec l'erreur, et qui tiennent pour une habileté suprême, d'avoir un pied dans l'Eglise, et un autre dans la Révolution. Ils prennent le langage de nos adversaires, et, sous prétexte de les ramener, ils se laissent gagner par eux. Confiants dans leurs propres lumières, ils se croient plus sages que les sages d'Israël, et admettent volontiers qu'eux seuls connaissent leur temps et leur pays. Comme ces Juifs imprudents, qui, pour n'avoir pas voulu écouter Judas et ses frères, c'est-à-dire le principat et le sacerdoce, allaient au devant d'une défaite certaine, ils méritent qu'on leur applique ces paroles sévères de l'historien des Machabées : « Ils n'étaient pas de la race de ces hommes par qui le salut est venu en Israël : » *Ipsi autem non erant de semine virorum illorum per quos salus facta est in Israël* (1). Telle n'est pas votre attitude. Une adhésion absolue aux principes qu'ont posés les souverains Pontifes dans leurs immortelles Encycliques : voilà votre programme. Grand exemple, et qui ne manquera pas de porter ses fruits. Cent cinquante Comités répandus sur toute la surface de la France, se recrutant parmi l'élite de la société, affirmant la vérité catholique, sans l'amoindrir ni la défigurer, c'est une force immense pour le bien. Que cette phalange d'hommes dévoués vienne à grossir ses rangs, nous pourrons ouvrir nos cœurs à l'espérance. Dans cette légion nouvelle où la foi comptera ses soldats, la charité trouvera ses apôtres, comme je me propose de le montrer dans ma seconde partie.

II.

Si, pour déchristianiser l'ordre social, la Révolution a recruté ses adeptes dans tous les rangs, il est un homme pourtant qu'elle a cherché de préférence à enrôler sous sa bannière. Avec la clairvoyance que le génie du mal sait porter dans toutes ses entreprises, elle pressentait que cet homme une fois gagné à sa cause deviendrait pour elle ce qu'il y a de plus puissant, à défaut du droit et de la justice, le nombre et la force. C'est là qu'elle trouverait un point d'appui certain pour sa doctrine, une armée toute prête à seconder ses desseins. Séparer cet homme de la

(1) Ier Livre des Machabées, v, 62.

religion, le soulever contre l'Eglise, flatter ses désirs, exalter ses rêves, irriter ses souffrances, exaspérer sa misère, et, après lui avoir pris sa foi, avec son cœur et son âme, le livrer sans défense aux artifices des sophistes et aux déclamations des rhéteurs, tel fut le plan de la Révolution ; et, je le dis avec douleur, elle n'y a que trop réussi.

Oui, je l'avoue, Mes Frères, parmi nos tristesses de l'heure présente, il en est une plus amère que toutes les autres, c'est de voir qu'on est parvenu à souffler la haine de l'Eglise au cœur de l'ouvrier. Que l'orgueil des libres penseurs se révolte contre l'autorité de la foi, que les hommes de plaisirs ne nous pardonnent pas d'attaquer leur mollesse, que des politiques sans principes poursuivent contre l'Eglise leur plan d'asservissement, cela ne nous étonne pas. Mais l'ouvrier ! Comment expliquer son hostilité ? Qu'avons-nous fait à cet homme pour mériter son antipathie ? Cet homme, nous l'avions trouvé, il y a dix-huit siècles, dans les chaînes de l'esclavage païen, ravalé au niveau de la brute, traité à l'égal d'une bête de somme, condamné par les philosophes, mis hors la loi par les législateurs, servant de jouet aux amusements féroces d'un public avide de sang et de spectacles, livré aux caprices d'un maître qui pouvait le tuer à plaisir et le jeter en pâture aux murènes pour la moindre faute, sans droit, sans force et sans dignité. Ainsi abandonné, vilipendé, écrasé, foulé aux pieds, nous l'avons pris dans nos bras et serré sur notre poitrine ; nous l'avons déclaré solennement, et à la face du monde entier, notre frère en Jésus-Christ, l'égal, devant Dieu, de tous les autres hommes. Malgré l'opinion, malgré les mœurs, malgré les lois, nous l'avons élevé à la dignité d'homme libre et de chrétien. Pour protéger sa vie et sa liberté, dans un temps où l'on ne respectait ni la liberté ni la vie, nos pontifes s'armaient de toute leur autorité, nos conciles foudroyaient l'anathème. Victime de l'injustice et de la violence, il trouvait un asile inviolable dans nos monastères et dans nos temples ; captif, nous vendions jusqu'à nos vases sacrés pour le racheter. Tout le moyen âge durant, nous avons fait à cet homme un rempart de nos doctrines, de nos lois et de nos vies. Nous prenions ses fils, au sein de l'humiliation, pour les sacrer de l'huile sainte, pour les élever, par la majesté du sacerdoce, au-dessus de toutes les grandeurs ; et quand ils avaient du génie et des vertus, ils pouvaient, ces fils d'ouvriers, parvenir au premier trône du monde, et s'appeler un jour Grégoire VII ou Sixte V. Nous avons plaidé sa cause sous tous les régimes, alors que notre voix était encore écoutée ; nous avons porté ses doléances devant tous les trônes ; nous avons fait monter ses cris de détresse à l'oreille et au cœur de tous les peuples. Non, vraiment, nous n'avons rien à nous reprocher à l'égard de cet homme ; innocents de ses souffrances, nous ne sommes responsables que de sa grandeur et de son affranchissement.

Et quand est venue l'ère moderne, car je n'ai pas le temps de parcourir toute l'histoire, l'Eglise s'est-elle ralentie dans sa sollicitude pour l'ouvrier ? Mais, plus que jamais, nous l'avons enveloppé d'un réseau d'œuvres et d'institutions charitables. A chacun de ses besoins, à chacune de ses souffrances, est venue répondre l'une de ces créations merveilleuses de l'esprit chrétien, qui font l'étonnement et l'admiration du monde. Nous avons placé à côté de ses enfants le frère des écoles chrétiennes pour les instruire et les élever. Nous lui avons donné à lui-même, pour infirmières, pour gardes-malades, l'élite des femmes chrétiennes, tout ce qu'il y a de plus pur, de plus saint et de plus respectable sur la terre. Nous avons mis à son service, sa vie durant et jusque dans ses vieux jours, des légions d'anges terrestres sous les traits de la charité. Pour lui, nous avons suscité tous les dévouements, tous les sacrifices, tous les héroïsmes. Pas de prêtre qui prenne la parole, sans toucher à la situation de l'ouvrier. Pas de réunion de catholiques, sous quelque forme que ce soit, où l'on ne parle d'améliorer son sort, de pourvoir à ses besoins, de protéger ses intérêts. L'on me dira : du pain, des vêtements, un abri, c'est quelque chose sans doute ; mais l'honneur, la dignité, c'est encore plus. Eh bien ! l'honneur ? qui donc, plus que l'Eglise, a honoré la condition du travailleur ? Est-ce que les éloges les plus pompeux, les tirades les plus sonores vaudront jamais pour la classe ouvrière l'honneur qui rejaillit sur elle de la maison de Nazareth, des souvenirs de l'Incarnation, de l'anoblissement du travail manuel par le Fils de Dieu lui-même? Est-ce qu'une médaille d'or ou de bronze sera jamais l'équivalent de la gloire dont l'Église a environné les corps de métiers, en plaçant sur ses autels des artisans et des laboureurs, à côté des rois et des pontifes, pour montrer que le faîte de la grandeur morale peut se trouver derrière un métier, et que l'outil de l'artisan, non moins que le sceptre des princes, peut devenir le signe de l'honneur et l'instrument de la sainteté?

Ah! sans doute, il est une chose que nous n'avons pas faite pour l'ouvrier et que nous ne ferons jamais, c'est de le tromper. Nous laissons aux sophistes le triste privilége de le repaître de chimères et d'utopies. Non, nous ne lui avons pas dit et nous ne lui dirons jamais que son paradis est sur la terre; que, pour lui, tout se réduit à amasser et à jouir; que tout maître est son ennemi; que chaque révolution ajoute à son bonheur; et qu'un jour pourra venir où le progrès le dispensera du travail et l'affranchira de la souffrance. Nous ne lui disons pas davantage que c'est à lui de diriger le monde, et que, parce qu'il est le nombre, il est aussi la science, la politique, le gouvernement. Nous ne lui disons pas cela, parce que cela est faux, et qu'il y a quelque chose de pire que la souffrance, c'est la déception. Nous lui répétons ce que nous avons dit depuis dix-huit siècles, et ce que nous redirons jusqu'à la fin du monde : que le travail est la loi de l'homme; que le travail de l'intelligence n'est ni moins lourd ni moins pénible que le travail des mains; que l'inégalité des conditions est un fait providentiel; que les supériorités sociales méritent le respect; qu'il faut accepter sans révolte la part que Dieu nous a faite dans les biens de ce monde; que la valeur de chacun se mesure à ses croyances et à ses vertus; qu'il n'est au pouvoir de personne d'abolir la souffrance; que le vrai bonheur de l'homme ne consiste pas à multiplier ses jouissances avec ses besoins, mais à modérer ses désirs et à gouverner sa volonté suivant la loi divine; que nous n'avons pas notre fin en nous-mêmes, mais en Dieu qui nous attend au terme d'une vie de travail et d'épreuves, pour la couronner de gloire et d'immortalité.

En parlant de la sorte, c'est un nouveau service que nous rendons à la classe ouvrière, parce qu'au lieu de la flatter, nous l'instruisons, et qu'à la place des chimères, nous mettons des réalités. D'où vient donc qu'après dix-huit siècles de bienfaits, de dévouement, de luttes en faveur de cet homme, nous trouvons chez lui tant d'hostilité? Car il ne faut pas se faire illusion, cette hostilité, elle existe; et là où elle n'existe pas, il y a défiance ou froideur. Ah! demandez-le à la Révolution, aux doctrines qu'elle prêche et aux passions qu'elle remue. Demandez-le à ces réunions où la démagogie excite contre l'Eglise une foule ignorante et crédule. Demandez-le à cette presse irréligieuse, où des écrivains sans dignité ni retenue ne sont occupés qu'à travestir notre histoire, à dénaturer nos intentions, à calomnier nos actes. Demandez-le à ces sociétés secrètes, à ces ligues souterraines, où des mains aussi imprudentes que coupables attisent sans cesse le feu de la révolte, au risque de provoquer, à un moment donné, ces explosions terribles dont je ne veux pas rappeler le souvenir, car je craindrais de faire tressaillir sous les dalles de cette église la dépouille mortelle du prêtre vénérable, qui, après une vie consacrée tout entière au service de l'ouvrier, n'a eu pour toute récompense qu'une balle fratricide, triste témoignage de ce que peut faire la haine, quand elle a remplacé, dans des cœurs égarés par la Révolution, l'amour de Dieu et des hommes.

Eh bien, que faire devant une situation dont il est impossible de se dissimuler la gravité? Il faut faire précisément ce que se sont proposé les fondateurs de l'œuvre dont je plaide la cause au milieu de vous: arracher l'ouvrier aux mains de la Révolution, pour le rendre à Dieu, au Christ et à l'Eglise. Il s'agit de reprendre à nouveau, et de refaire dans de meilleures conditions, cette organisation chrétienne du travail, chef-d'œuvre de la sagesse et du dévouement de nos pères, et dont la destruction a placé le monde moderne en face du plus redoutable de tous les problèmes. Car c'est le jour où elle disparaissait du milieu de nous, sans que rien vînt la remplacer, c'est ce jour-là que la question ouvrière naissait avec tous ses périls, et que le travailleur isolé, abandonné à ses seules forces, devenait une proie facile pour toutes les erreurs comme pour toutes les misères. Les cercles catholiques d'ouvriers sont la base première de cet édifice qui attend de l'avenir sa reconstruction complète. Pour réussir dans ce plan de restauration chrétienne, il faut que les classes dirigeantes y apportent tout ce qu'elles ont d'intelligence et d'activité ; il faut se mêler à l'ouvrier, l'instruire, le réconcilier, calmer ses ressentiments, faire tomber ses préventions ; mais surtout, ah ! entendez-moi bien, pour arriver à son cœur, il faut l'aimer.

On se demande souvent, au milieu des incertitudes et des obscurités de l'heure présente, à qui appartiendra l'avenir. L'avenir, Mes Frères, n'appartiendra à aucune des puissances humaines. Il n'appartiendra pas à la politique ; car les politiques se détruisent les unes par les autres ; il n'appartiendra pas à la force ; car la force n'a que des triomphes momentanés. Il n'appartiendra pas même à la science ; car la science, toujours mobile, ne sera jamais que le partage du petit nombre. Comme il y a dix-huit siècles, le monde appartiendra à qui aura su l'aimer davantage. C'est dire assez qu'il appartiendra à l'Eglise, parce que l'Eglise possède une puissance d'aimer immense et illimitée. Elle l'a prouvé dans le passé ; elle le prouve dans le présent ; elle le prouvera dans l'avenir. Est-ce qu'ils savent ce que c'est qu'aimer, les adversaires de l'Eglise ? Les voit-on payer de leurs personnes, lorsqu'il s'agit des souffrances du peuple ? Les trouve-t-on sur le chemin qui conduit au galetas du pauvre, au chevet du malade, au lit de camp du blessé ? Ils dissertent dans leurs journaux ; ils pérorent dans leurs assemblées ; ils s'agitent en pure perte ; ils ignorent le véritable amour, l'amour des âmes. Car cet amour-là, l'amour efficace, l'amour surnaturel, l'amour qui se dévoue et qui se sacrifie, il ne se puise pas dans le cœur de l'homme, mais en Dieu, dans la grâce du sacrement, dans le sacré cœur de Jésus. Nous, chrétiens, nous envelopperons le monde moderne de tendresse et d'amour, et il sera à nous, c'est-à-dire à Dieu et à son Christ, car rien ne résiste au dévouement, et il n'y a pas de plus grande force dans ce monde que la charité.

Il ne faut pas nous montrer injuste envers l'époque où nous vivons : elle compense ses défauts par de grandes qualités. Si le XIXe siècle, dans sa deuxième moitié, n'est pas arrivé jusqu'ici à résoudre les questions qu'il a mises en avant, il a, du moins, le mérite de les avoir bien posées. Il y a quelque cinquante années, la religion était reléguée à l'arrière-plan : l'on ne s'occupait que de routes, de canaux, de chemins de fer, toutes choses matérielles qui absorbaient l'attention; et le plus célèbre écrivain de ce temps-là, un homme dont le souvenir ne vient jamais se présenter à notre esprit qu'à travers des larmes, intitulait son livre : *Essai sur l'indifférence en matière de religion.* A l'heure présente, l'indifférence n'est plus nulle part, et la question religieuse est partout, de la France au Brésil, de l'Allemagne aux Etats-Unis. Elle est dans l'usine, où il s'agit de savoir laquelle des deux, de l'Eglise ou de la Révolution, ralliera autour de son symbole la classe ouvrière ; elle est dans l'école, où le christianisme et l'athéisme se disputent l'âme de l'enfant ; elle est dans la science, où la lutte existe entre un matérialisme abject et les hautes traditions de l'esprit chrétien ; elle est dans l'Etat, où la civilisation chrétienne se défend contre une nouvelle barbarie qui s'annonce. Ouvrez tel livre, tel journal qu'il vous plaira : la religion y tient la première place, soit qu'elle obtienne de ses défenseurs l'hommage du talent, soit qu'elle condamne ses adversaires à s'occuper d'elle. C'est là un immense progrès sur un passé encore récent, un résultat que l'on ne saurait trop apprécier, et qui nous permet de jeter dans l'avenir un regard confiant.

Sans doute, Mes Frères, c'est la lutte ; et, je le sais, il ne manque pas d'esprits timides pour s'en effrayer, ni d'âmes tièdes qui aimeraient mieux se renfermer dans l'inaction et dans le repos. Mais c'est la lutte qui nous élève ; c'est la lutte qui nous fortifie : semblables à ces arbres généreux qui ne montent si haut que parce que les secousses de l'orage ont éprouvé leur force. Y a-t-il, je vous le demande, quelque chose de comparable au spectacle que l'Eglise présente en ce moment ? Est-il une preuve plus palpable de sa divinité, que de voir toutes les passions irréligieuses se déchaîner contre elle dans le monde entier ? Regardez du Nord au Sud, de l'Orient à l'Occident : c'est l'Eglise catholique, et elle seule, qu'on redoute, qu'on attaque, qu'on persécute. Partout où l'impiété lève son drapeau, c'est contre le prêtre catholique qu'elle tourne sa fureur. Elle passe à côté du ministre protestant ou du philosophe spiritualiste sans même daigner le combattre, tant elle est sûre d'avance d'avoir en lui, sinon un auxiliaire, du moins un adversaire inoffensif. Chaque fois qu'un prince ou un ministre, pris du vertige de la victoire, aspire à la domination universelle, c'est à l'Eglise catholique qu'il s'attaque : elle seule lui paraît un obstacle sérieux à ses desseins. Nous avons l'incomparable honneur de compter pour adversaires tout ce qu'il y a dans l'univers d'ambitieux et de révoltés. C'est le prêtre catholique et lui seul qui a le privilége d'exciter les colères de l'athée, du matérialiste, du débauché, de tout homme, en un mot, qui outrage ici-bas la vérité, le droit ou la morale. Il y a bien des preuves de la divinité de l'Eglise, mais je n'en sache pas de plus saisissante ni de plus indiscutable que celle-là. La cause de Dieu est identifiée dans ce monde avec celle de l'Eglise ; et nos adversaires le prouvent mieux encore que nous, par l'indifférence et le dédain avec lesquels ils traitent tous les autres cultes pour réserver à la seule religion catholique leur haine et leurs coups.

Courage donc et confiance, Mes Très-Chers Frères. Mettez la main à l'œuvre ; travaillez à la restauration de la société chrétienne, sans bruit ni ostentation, mais aussi sans crainte ni faiblesse. Multipliez vos comités et vos cercles ; couvrez-en la France entière. Faites appel aux hommes de foi et de cœur, qui savent comprendre les graves intérêts engagés dans cette lutte. La cité de Dieu se bâtit au milieu des orages ; et c'est aux ruines mêmes qu'elle emprunte ses matériaux. Ne vous laissez ébranler ni par les attaques ni par les contradictions : elles sont inévitables. L'œuvre des cercles catholiques d'ouvriers n'a pas à redouter l'épreuve de la discussion ou de la publicité. Elle n'agit pas en secret :

c'est hautement et au grand jour qu'elle avoue son dessein. Etrangère à la politique dans le sens vulgaire du mot, elle ne s'occupe que d'améliorer les âmes, sachant bien que par là elle contribuera efficacement à la régénération sociale. Ses seules armes, d'ailleurs, sont la prière, l'enseignement, l'édification mutuelle. Il n'y a rien dans tout cela qui puisse alarmer les pouvoirs publics. Le respect de la loi est, pour le chrétien, un devoir saint et sacré. Que vous importent, Messieurs, les clameurs d'une certaine presse? Vous n'y répondrez que par un redoublement de zèle et de charité. Voilà deux mille ans que nous sommes habitués à rendre le bien pour le mal, et à bénir ceux qui nous maudissent. Puisse votre œuvre, si nécessaire et si féconde, obtenir de ce religieux auditoire tout l'accueil qu'elle mérite! Puisse-t-elle prospérer et grandir avec l'aide de Dieu, qui ne manque jamais de soutenir les bonnes volontés, et qui, seul, peut décerner aux hommes des récompenses aussi grandes que leurs œuvres. Ainsi soit-il!

Angers, imp. E. Barassé. — 468-76.

www.ingramcontent.com/pod-product-compliance
Lightning Source LLC
LaVergne TN
LVHW020010170826
845677LV00022B/1082
* 9 7 8 2 3 2 9 6 3 6 5 2 8 *